JN296039

북녘 일상의 풍경
北朝鮮の日常風景

石任生 撮影 ｜ 安海龍 文 ｜ 韓興鉄 訳

コモンズ

ロシア
中華人民共和国
先鋒
羅津
清津
咸鏡北道
両江道
慈江道
朝鮮民主主義人民共和国
咸鏡南道
新義州
平安北道
新浦
咸興
平安南道
平壌
元山
江原道
黄海北道
黄海南道
開城
大韓民国
江原道
ソウル
京畿道
仁川
北 青 郡
洪 原 郡
俗厚里
琴湖地区
新浦市
陽化
松島岬
新浦
馬養島

『北朝鮮の日常風景』を推薦する

　底知れない闇と貧困を抱え、洗脳の結果、滑稽な操り人形のように「偉大なる将軍様」を崇拝する時代錯誤的な国家。信じられないような現代の「秘境」。邪悪なテロリスト国家。

　北朝鮮といえば、多くの日本国民にとって、こんなイメージしか湧かないのではないか。そこにあるのは、肥え太った「邪悪な」独裁者のカリカチャーと、個性を失ったマスとしての人民の姿である。

　だが、そんなわけはない。北朝鮮には、「人間」が住んでいるのだ。泣きもし、笑いもする人びとの姿を、この国の人びとは知ろうともしない。しかし、この写真集を一見すれば、貧寒な農村風景の中にも喜怒哀楽を失わない人びとが生きていることがわかるはずだ。酷寒の冬の中で猫の額のような畑を耕す農夫の姿。凍てつく通りで遊ぶ子どもたちのつぶらな瞳。荒涼とした農地に食料を求めて行き交う人びとの群れ。北朝鮮の四季折々の中に展開される人びとの日常風景。それは、苛酷な境涯の中でも必死に生きる人びとの息づかいを伝えている。

　その風景の中に、わずか数十年前の日本や韓国の姿を発見することは、そんなに困難なことではないはずだ。北朝鮮にも、われわれと同じような「人間」が住んでいるのである。北朝鮮の「人間」に出会うために、この写真集を是非とも見てほしい。

2007年5月　　姜　尚中

飾られていない北朝鮮の日常——まえがきに代えて

　私たちは、北朝鮮の人びとが私たち韓国人と同じ言語、文化、風習をもった「ひとつ」の民族だと思っている。しかし、北朝鮮の存在は韓国の人びとにははるかに遠く、未知の世界である。朝鮮半島が二つに分断されてから60年の歳月が流れたが、対立構造と張りつめた緊張感はいまも変わらない。

　2000年に南北首脳会談が行われた後、南北の交流が拡がってはいるものの、自由に北の地を旅して、自然に北朝鮮の人びとに会うことは、いまでも制限されている。私は北朝鮮の人びとがどのように暮らしているのか知りたかった。そして偶然、KEDO(朝鮮半島エネルギー開発機構)が軽水炉(濃縮ウランと普通の水を使用する原子炉)を建設する際の記録写真家として7年間にわたって北朝鮮に滞在する機会が、私にもたらされる。この奇蹟のような幸運は私を興奮させたが、一方ではなぜだかわからない不安もあった。ともあれ、写真家である私ができる仕事は、現在の北朝鮮を記録することである。それも、南の写真家の視線で。

　韓国の写真家や写真記者の撮影した北朝鮮の写真は、たしかにメディアに発表されてはいる。だが、それは北朝鮮が提供する空間で、しかも制限された時間で記録した写真にすぎない。私は北朝鮮に滞在しながら、平壌ではない農村と都市、そして自然の姿をフィルムに収めた。1990年代後半の「苦難の行軍」の時期から最近までの7年間、北朝鮮の人びとの生活のさまざまな断面を記録できたのである。

　もちろん、私の写真撮影は決して自由で楽に成り立ったわけではない。北朝鮮では、被写体に近づき、余裕をもって撮影するのはむずかしい。カメラをかまえて、時間をかけて撮影するのは、不可能に近い。この写真集に収められたシーンは、遠くから用心深く、極度の緊張感をもって撮ったものだ。

　北朝鮮の人びとは写真を撮ることが好きだ。百日祝い(子どもが生まれて百日目を祝う行事)や一歳の誕生日、そして家族の慶事があれば、町内の写真館で記念撮影する。故・金日成主席の誕生日や金正日将軍の誕生日には、太陽像(金日成の肖像画)の前で記念写真を撮る。フィルムを手に入れ

るのは容易ではないが、「わが写真師来たよ」という歌が歌われるほど、彼らは写真を撮るのが好きだ。しかし、外部の人間によって日常が撮られることはきっぱり拒否する。それは、厳しい生活のなかで自らを支える自尊心であるのかもしれない。

　私の写真は、単に北朝鮮の画像を収めたものではない。私は北朝鮮の人びとの日常を理解するために、絶え間ない努力を傾けてきた。私たちとは異なってしまった言葉を理解しようと、北朝鮮の国語辞典を傍らにおいて単語を勉強し、新聞とテレビを注意深く見た。写真に収められた北朝鮮を一見すると、韓国の1960〜70年代のように見える。だが、実際には、彼らの日常生活は私たちとはあまりにもかけ離れている。そこで、読者の理解を助けるために、私は写真から見えてくる風景に対して詳しい解説を加えた。

　写真に写った北朝鮮の人びとは、厳しい暮らしを続け、遠く離れていても、情の多いわが故郷の隣人である。制限された空間ではあるが、私の写真には飾られていない北朝鮮の日常が再現されている。この写真集が、南と北が葛藤と反目を越え、統一するためのきっかけを少しでも提供できればと願う。

石任生

本書は、2005年に韓国で出版された『북녘 일상의 풍경』(現実文化研究)を翻訳するとともに、新たに13点の写真を収録し、解説を日本の読者向けに加筆・編集したものである(一部の写真は紙幅の関係で割愛した)。また、国名は韓国・北朝鮮と表記した。
コモンズ編集部

目次

『北朝鮮の日常風景』を推薦する　　姜尚中 ── 3
飾られていない北朝鮮の日常──まえがきに代えて　　石任生 ── 4

自分たちのやり方で暮らしてきた ── 7
主体思想の国 ── 33
穀物の王様トウモロコシ ── 45
総出の田植え ── 57
赤旗1号は走る ── 69
自力更生 ── 79
苦難の行軍 ── 95

〈解説〉写真で記録した現代北朝鮮の民衆生活史　　安海龍 ── 112
〈インタビュー〉北朝鮮の実状を理解するために　　石任生＋安海龍 ── 114
〈解説〉静かながら饒舌な写真集　　木幡和枝 ── 118

우리 식대로 살아왔다

自分たちのやり方で暮らしてきた

満開のスモモ

1998年

　春になって、スモモの花が村中に咲き乱れた。わら葺きのような屋根があちこちに見えるが、これは屋根を葺き替える途中のものだ。わらで覆われた屋根にふたたび土が塗られ、その上に瓦が積まれて完成だ。

| ハモニカ長屋 | 1999年 |

　壁が白く塗られた「ハモニカ長屋*」の前を、荷物を背負った住民が歩いている。木の煙突の間から見えるのはテレビのアンテナだ。ハモニカ長屋は地域によって異なるが、この窓ひとつに1世帯、一般的に10〜20世帯が暮らす。これらは、朝鮮戦争が終わった1950年代の復興期に建設された仮設住宅である。一戸建ての家屋を建てる費用や時間を節約するのが目的だった。工場労働者がたくさん暮らす工業地域に、いまも多く残っている。

　北朝鮮では、朝鮮戦争後のベビーブーム期に生まれた子どもたちが結婚年齢に至る70年代になって住宅需要が急増したが、それに十分応える力はなかった。ハモニカ長屋のような仮設住宅も建て直すことができず、そのまま使わなければならなかったのである。

　　　　*長屋が並んでいる様子がハモニカに似ているので、こう呼ばれた。

燃料が貴重な北朝鮮では、屋内がとても寒い。冬でも、日が当たる外のほうが暖かい。男の子と女の子がハモニカ長屋の壁にもたれ、ひなたぼっこをしていた。左の木の煙突にはビニールが巻かれ、煙が効率よく外に出るように工夫されている。屋根はトタンだ。

　北朝鮮は、1990年に改正された民法第50条で「国家は住宅を建設し、その利用権を労働者、事務員、協同農民に譲渡し、それを法的に保護する」と規定した。だが、住宅普及率は50～60％にすぎない。第3次7カ年計画（87～93年）では、23～30万戸の住宅建設方針を打ち出したが、5万戸の建設にとどまった。住宅の私的所有や取り引きは禁止されている。しかし、80年代なかば以降、住宅不足はより深刻になり、ヤミ売買が黙認されているのが現実だ。最近では食料不足のせいで、住宅を売って食料を手に入れる人びとも増えている。

ひなたぼっこ｜2000年

| ハモニカ長屋の煙突 | 2000年

　瓦屋根のハモニカ長屋の端に、板を利用した木の煙突がずらっと並んでいる。都市では本来、煙突には穴が開いたブロックを使う。黒レンガでつくった管を用いる場合もある。これらが使えないときに、板でつくるのだ。咸鏡道(ハムギョンド)の一部地域では、素焼き管を使ったり、中をくりぬいた丸太を用いたりした煙突もある。

　北朝鮮では、住民の動員を容易にし、労働力を組織化するため、こうした集合住宅が多い。暖房や炊事の燃料は、練炭、褐炭（炭化が不十分で、すすが多く出る石炭）、木材、農業廃棄物、粉状の石炭などを使う。咸鏡道では周辺の炭鉱の石炭が枯渇したため、1980年代から燃料が不足。90年代なかばからは横流しされた燃料などが市場でも売られはじめた。

雪解け時の街

1999年

　松島岬に行く道路の起点。天然記念物の大きなイブキがある村に通じる道だ。1〜2坪規模の小さな奉仕売店(簡易商店)がいくつか見られる。アイスキャンディー、ひねり菓子、パン、飴などを売っており、なかには花屋もある。「ガス」と書かれているのは、ガスライターにガスを入れる店だ。寒い日にもかかわらず、たくさんの子どもたちが外に出て遊んでいる。

| ソリに乗る子どもたち | 1999年

凍った道で楽しそうにソリに乗る子どもたち。北朝鮮の子どもたちは習い事や塾がないのでみんなで遊ぶことができ、まさに「うらやましいものはない*」と言う。刃が1本のソリは、もう少し大きな子どもたちが乗る。冬になると、日が暮れるのも忘れるほどアイスホッケーに熱中する。寒い北朝鮮ではどこでも、ソリに乗った子どもたちで凍った道はにぎやかだ。

子どもたちは一般に、コマ回し、たこ揚げ、メンコ、ビー玉、石蹴り、陣取りゲームなどをして遊ぶ。

*北朝鮮の童謡。1ウォン札にも、この文言が書かれている。

水汲み用のバケツを運ぶ子ども

2001年

　　　トタン製のバケツに水をいっぱい汲んで運ぶ子ども。おそらく、小学校に通う年ごろだろう。履いている布製の靴の後ろが磨り減り、かかと部分はほとんどない。ポンプ式の井戸をもつ家もあるが、ほとんどの田舎では、共同井戸で水を汲んで飲む。汚染された地下水も多く、疫痢(えきり)、パラチフス、コレラなどの伝染病が常に脅威となる。衛生の日(毎週月曜日)と衛生月間(3月と4月)が指定され、予防医学で人民を守っている。

街角の服装

1998年

　　外出用の格好をした老人がリヤカーを押している。たいていは、外出用の服1着で1年を送る。以前は名節(ミョンジョル)*になると正装して太陽像(39ページ参照)にあいさつしに行き、作業するときは作業服に着替えたりしていたが、経済の悪化により1着の服で1年中を過ごすようになった。学生は学生服1着で1年を耐え、下着にはシャツの代わりにジャージを着ることが多い。国から服の供給がなくなると、権力や金をもつ人びとは中国から輸入した服を買って子どもに着せた。まれに、英語が書かれた服を着ている子どももいる。

　　　　*民俗的名節と国家的名節がある。前者は正月や秋夕(チュソク)などで、後者は金日成の誕生日である太陽節、金正日の誕生日である祖国光復の日など。

| 奉仕売店 | 1999年

　村の住民たちが、広い道路に面した奉仕売店で品物を買っている。道幅は広いが、未舗装で、自動車は見かけない。よく整備された街路樹沿いを、ゆっくりと歩く女性の後ろ姿が見える。

　都市の各地にある奉仕売店では、酒やタバコはもちろん、焼き栗やひねり菓子も販売する。奉仕売店は、朝鮮民主女性同盟が人民班の女性に運営許可を与える場合と、販売能力不足や物資不足で運営できない店を賃貸料を取って個人に貸す場合がある。最近の平壌では、看板を掲げ、焼き栗、焼き芋、「エスキモー」(アイスキャンディー)などを売る奉仕売店が流行っている。平壌駅周辺の蒼光(チャングァン)通りにある総合野外奉仕売店(蒼光奉仕管理局が運営)は、人気スポットのひとつ。春はヨモギ餅、ヒメニラの和え物、ツツジの花のチヂミなど、夏はエスキモーやトマトなどの果物を薄く切って入れた飲み物、秋はソンピョン*、ケピトク(草餅)、里芋のスープなど、冬はギョウザやトック(雑煮)などが売られる。

*ゴマ、小豆、栗などのあんを入れたうるち餅。

競争図表

2001年

　ホウレンソウ畑のさわやかな香りが漂う、のんびりとした農村風景。庭先では土レンガをつくって乾かしている。白く塗られた建物の壁には速報板が貼られ、棒グラフが見える。これは「競争図表」と呼ばれ、作業班ごとの競争と生産向上を督励している。

地方都市のアパート | 2003年

　冬になると、暖房用の燃料が心配の種だ。ベランダに、冬の間に使う薪を同じ長さに折って積んでいる。おかずとして食べるタラを干す家も見られる。窓枠や住民の手の届く範囲は白く塗られ、アパートの外観を整えている。北朝鮮では、旧正月、2月16日（金正日の誕生日）や4月15日（金日成の誕生日）など国家的な行事がある時期は「衛生文化月間」とされ、外装作業が厳しく指導される。
　平壌の一部高層アパートを除いて地方都市では、4〜5階建てアパートが一般的な住まいである。スラブブロックを積んで建築しているため強度に限界があり、高さが制限されるのだ。農村では2〜3階建ての長屋形式が一般的である。これらは土レンガでつくられており、外観はよいが、雨に弱い。

| 典型的な住宅 | 2002年

　典型的な農村地域のアパート。各世帯ごとに、秋に収穫したトウガラシを乾かしていた。北朝鮮の住宅は国家の標準設計によって規格化され、「民族的様式に社会主義的内容をこめよ」という朝鮮労働党の方針にしたがって、少ない資材を効率的に利用して建設されている。それらは、国家予算で建設される「集団的所有物」であるため、行政当局が成分＊と地位によって割り当てる。部屋1～2室に台所が付いたタイプが、一般的だ。

　2002年から、農村における住宅建設運動が大々的に展開されている。04年には、全国に1万戸の現代的な農村住宅を建てたと発表した。開城(ケソン)地区(板門店のすぐ北側)などでも、現代式農村住宅が建設中という報道がなされている。

　　　　　＊出身の分類を指す言葉。核心階層(社会主義を支える労働者、朝鮮労働党員など)、動揺階層(解放後に南朝鮮に行った者の家族、日本や中国からの帰国者など)、敵対階層(地主や資本家、親日家など)の3階層51成分から成る。

| 協同農場の文化住宅 | 1997年

　冬支度に入った協同農場の文化住宅。これらの住宅は一戸建てだ。秋の収穫を終え、各家庭の菜園で採れた白菜で、一冬分のキムチを漬ける準備の真っ最中である。
　協同農場では、越冬用の野菜は「野菜栽培班」や「果樹栽培班」に関係なく、作業班ごとにある程度の面積で栽培できる。キムチ用の白菜は共同栽培し、現場か車で家の近くまで運んで分配する。種を播いてから一定の栽培面積を割り当て、各人が育てて収穫するケースもある。菜園は30坪まで認められ、収穫物はすべて個人所有だ。原則的に野菜のような副食物だけをつくり、生産性は協同農場の3～5倍に達する。
　国家が認める合法的な耕作地には、このほか副業畑がある。これは菜園よりずっと規模が大きく、トウガラシ、ジャガイモ、トウモロコシ、豆などを栽培し、作業班や職場の副食として利用される。余れば、作業班や職場内で分ける。

子どものおやつ

1999年

　大根を育てる菜園の横で、子どもがおやつに大根を食べている。秋の収穫のころは食べものが豊かになり、もっとも暮らしやすい季節だ。左側の子どもはビニールの靴を履き、右側の子どもは布の靴を履いている。後ろに見える土壁は、大雨になると崩れてしまうので、何度も繰り返して積み上げている。

冷蔵庫を運ぶ

2003年

　市場で買った冷蔵庫を牛車で運んでいる。農村では、有力者や幹部、金持ちでなければ冷蔵庫の所有は困難だ。一般の農民たちとはかけ離れた所帯道具である。こうした光景は、2002年の「7.1経済管理改善措置*」以降に現れた。

　　＊2002年7月1日に施行された、工場や企業の独立採算制や賃金や物価の改定などを盛り込んだ措置。

| 引越しの荷物 | 1997年 |

　北朝鮮では稀にしか見られない引越し風景。牛車で荷物を運んでいる。荷物は洋服ダンスと布団用のタンス、食卓、布団など。北朝鮮では住宅の個人所有ができないので、職場の移動や結婚など特別な事情がないかぎり引越しはほとんどない。ただし、最近は食料不足の影響で農村でも住宅の裏取り引きが行われるようになり、たまに目撃する。

　北朝鮮の人びとは「人が生きるのに五臓六腑がなければならないように、家庭にも『5ジャン（入れ物の意味）6機』がなければならない」と言う。5ジャンは、布団用タンス、洋服ダンス、書棚、靴箱、食器棚。6機は、テレビ、冷凍機（冷蔵庫）、裁縫機（ミシン）、写真機（カメラ）、録音機（テープレコーダー）、扇風機。これらは、最高位の特権層でなければ夢でも手に入らないものだ。一般の農民たちは基礎的な「2ジャン3機*」を取りそろえていればいいほうといえる。最近は農村でも、生活必需品や食料を購入するために家財道具を売り払っている。

＊2ジャンは布団用タンスと食器棚、3機はテレビと裁縫機と録音機である。

デートする男女

1998年

　青々とした松の木の下で、都会風の身なりをした男女が手を握り、デートしている。付近には外貨を稼ぐための水産基地が位置しており、平壌の上級単位＊の会社や貿易業の支社関係者が取り引きや物資運搬のために訪れる。それゆえ、都市と農村の人びとが出会う風景が見られる。右側の男性2人が引いているのは、人糞回収用の荷車。最近の農村では、飼料や堆肥をつくるために人糞を集める運動を行っている。多くは共同便所、道庁所在地や工業地区がある都市で回収するが、職場でも一定の目標を立てて集めたりする。

＊組織体を成す基本となるもので、職場や所属機関などを意味する。

駅前の風景

2003年

　時刻表がなくなり、列車は不定期に運行されるだけなので、列車を待つ人びとは退屈しのぎにカードで遊んだりもする。服をはだけた人民軍兵士の姿も見える。木陰では、人びとがずらっと並んで寝ている。暑い夏の昼休み（12〜14時）に与えられた昼寝の時間を楽しんでいるのだ。
　協同農場でも、蒸し暑い夏には昼休みを3時間与えて休ませ、涼しくなってから働くよう配慮したりする。

| 取り締まりの勤務 | 1997年

　住民たちが野菜や生活必需品を買う農民市場付近で勤務する、人民保安省*の警務官と人民武力部の兵士。剣を装着したAK小銃を携帯している。行き交う人びとの足どりがあわただしい。右には市場で売る品物を積んだリヤカーを引く商人も見える。

　1958年から農村地域を中心に1日、11日、21日に市が立つ。ここではおもに余剰農産物が売られている。90年代に入って食料や生活必需品の配給体系が崩れ、農民市場が常設されたといわれる。これらは一時取り締まりの対象になったが、現在は活性化され、禁止品目だった食料はもちろん、中国などから流入した多様な商品が流通している。農民市場は2003年3月に総合市場に改編され、平壌だけで40カ所、全国では300〜500カ所が常設されているという。北朝鮮は国営供給システムから市場流通システムへの転換を進めているのだ。

　　　　　　　　　　　*北朝鮮の公安部門の中央機関。出生、婚姻などの身分登録も管轄する。

中間商人 | 2002年

　農民市場の入口付近で、品物を売る人びとを待つ中間商人。市場周辺や都市の入口にある警備詰所で待ち、「売るんですよね？　売るんですよね？」と言って呼び止める。警備詰所の後ろにある電柱には「反スパイ闘争を繰り広げよう」というスローガンが貼ってある。
　農民市場で流通する物品は、肉類や日用品など生活必需品すべてに拡がり、流通組織が分化するなかで、専門的な中間商人が生まれた。一般の農民が直接市場で販売する場合、場所代を払わなければならないので、市場の入口で中間商人に売るケースが一般的だ。米の中間商人のように、農場を訪ねて買い、市場で売ることもあった。計量をごまかして、多くの利益をあげるケースもあったという。民法第155条では「安い品物を高く売る商行為を禁止」しているが、実際にはコントロールできていない。

交差点娘

1999年

　交差点で手信号で交通整理する交通指揮安全員。交差点娘とも呼ばれる。平壌には信号はあるものの電力不足のため、このような交通指揮安全員による手信号が一般的だ。
　2000年以降、日本製の中古自転車が普及し、自転車で通勤する風景がよく見られるようになった。この交差点では、午前7時まで自転車での通行が可能だが、それ以降は地下道を通らなければいけない。

| 肥料をつくる | 1998年

　　テイン湖で雪解けの季節に泥炭を掘る琴湖(クモ)地区にある俗厚里(ソックー)の人びと。この泥炭を原料にして肥料をつくる。
　　テイン湖は、面積が 0.31km²、周囲 5.4km の小さな湖。もともとは海とつながる湾だったが、堆積作用によって入り口がふさがり、湖になった。湖の水は、周囲の田畑に灌漑用水として供給されている。北朝鮮では 1990 年代以降、肥料不足を解消するために、豊富にある泥炭を加工して肥料を生産するようになった。

移動手段に用いられる牛車

1998年

　民衆が牛車に乗って移動している。牛と牛車は北朝鮮で非常に有用な移動手段であると同時に、運搬手段でもある。個人では牛を所有できないため、協同農場や牛馬車事業所で牛を管理する。牛車は家財道具や薪、収穫物などを運ぶのはもちろん、患者を病院に運ぶのにも使われている。

患者輸送用の牛車

1998年

牛車を利用して患者を運んでいる。

南北交流

1999年

　琴湖(クモ)地区のKEDO軽水炉建設現場で、南北の人びとがパワーショベルの狭い運転席で楽しそうに話している。時が経つにつれてお互い打ち解けるようになり、このころには目を見るだけで気持ちが伝わるようになった。

주체의 나라

主体思想の国

行事を終えて帰る学生たち

1998年

　新年行事に参加して戻る女子学生たち。みな手袋をはめている。旗はおもに学生幹部が持って歩く。新年になると、共同社説＊の貫徹のために政治行事が開かれる。こうした政治行事に出席するために、生徒たちはこざっぱりした清潔な服装をしなければならない。

　＊毎年1月1日に「労働新聞」「朝鮮人民軍」「青年前衛」の3紙が共同で掲載する社説。金正日が監修し、その年の全般的な政策方針などを示す。

　　　　行事を終えて帰る、赤いマフラーを巻いた少年団員たち。行事に使われた道具や旗を持ち、一部の団員は寒いのでコートを羽織っている。
　　　　赤いマフラーに象徴される少年団は、1946年6月6日に創立された。小学校2年生になると自動的に加入する少年団は、「共産主義の後備隊になるためにいつも学びながら準備しよう」と強調している。少年団に対する指導は、青年団体である朝鮮社会主義労働青年同盟(社労青)中央委員会が担当。革命闘士になるための学習はもちろん、集団行動を訓練したり、さまざまな建設工事に労力動員されたりする。少年団員たちは主要行事のとき、主体革命の偉業を完成するために準備するという決意をこめて、「いつも準備」というスローガンを叫ぶ。

少 年 団 | 1998年

| 集団体操 | 1998年 |

　学校の運動場で、名節の行事のために学生たちが集団体操を練習している。裏山には段々畑が造成され、金日成の現地指導を徹底的に貫徹しようというスローガンが見える。
　北朝鮮の集団体操は、1930年代の抗日武装革命闘争期に創作された「花体操」が起源になっている。単なる体育活動を超えて、芸術性と思想性をもつのが特徴だ。毎回、国家の路線と政策を知らせ、人民にそれを貫徹するよう訴える内容でつくられる。そして、集団体操を拡大・発展させるために71年11月、集団体操創作団を組織した。
　金正日国防委員会委員長は、「集団体操は共産主義者だけができること」と言及し、「高い思想性と芸術性、体育的技巧がよく配合された、総合的で大衆的な体育形式」と規定。ひとつの作品を完成させるために約半年の訓練期間を必要とする。この訓練は、日常的に学生を強い「共産主義的人間」へと成長させる手段になっている。

吹奏楽隊 | 1998年

　　　　キムヒョク
　金 赫 青年突撃隊と吹奏楽隊が、赤旗を翻しながら行進している。軍旗を先頭に、労働党旗、北朝鮮国旗、社労青旗、金赫青年突撃隊旗などが見える。雰囲気を高めるために、学生吹奏楽隊の小太鼓隊が演奏している。

　新年共同社説の指導を徹底させたり、金正日の現地指導があった直後に、その実践のために政治行事が開かれる。この行事には、党や政権機関、住民など各組織の生活単位からあらゆる住民が総動員される。金正日が1974年3月の青年同盟全体会議で、青年たちに「速度戦運動*」をリードしていくよう強調し、翌年、速度戦青年突撃隊が組織された。
　　　　　　　　　　　　　　　　　　　　　　　　　　　　　チャグヮンス
これは、社会主義競争運動を展開するためである。80年代は金赫や車光秀などの名前を付けて、彼らの精神を活かそうとした。金赫は金日成の抗日武装闘争時代の同志で、金日成に対する忠誠心を革命的信念と義理で守ったとされている。

　　　　＊1974年2月に朝鮮労働党中央委員会の全体会議で採択された社会主義建設のスローガン。革命と建設をできるだけ速やかに行おうという理念。

宣伝画と速報板

1998年

　「偉大な首領・金日成同志の革命思想で、より徹底的に武装しよう」という社労青のスローガンが入った宣伝画が、建物の中央を占領している。その左右に速報板が見える。村の中心部に設置される速報板は新聞の代わりで、さまざまなニュースはもちろん、工場などでの作業成果も掲示される。運営は統一戦線部で行い、党宣伝部が指導する。

　宣伝画でもっとも重要なのが、金日成親子に対する描写だ。北朝鮮で芸術を評価する基準は、金日成親子の思想、表情と人間性の描写にある。宣伝画は親子を絵の中心に据えて、労働党の政策や綱領などを短時間で宣伝する目的で制作され、人びとが集まる場所や目につきやすい道端に貼り、大衆を先導する役割を担う。訴える力をもつ戦闘的な宣伝画を通じて、絶えず躍動する現実と時代の息づかいを感じて、闘争を先導する先駆者として前進することを、人びとに要求するのだ。

最大の祝日「2月16日」｜1998年

　2月16日慶祝板の前を通る歩行者の向こうに、太陽像が見える。太陽像は金日成主席死去100日にあたり、万寿台創作社*朝鮮画創作団のキム・ソンホとキム・ミンソンが描いた金日成主席の肖像画である。金日成が生きていた1985年、西海水門竣工式の際に撮られた、にっこり笑う姿の写真をもとにして、超大型に描いたものだ。

　金日成の葬儀後の94年7月20日から、北朝鮮全域で金日成関連文言と肖像画を太陽像に入れ替える「1号行事」が行われた。また、各地にある「偉大な首領金日成大元帥様のご健康を慎んで成就を祈ります」という言葉が書かれた万寿無彊塔は、永生塔**に変わった。

　　＊1959年11月に創設された北朝鮮最大の美術創作団体。
　　＊＊金日成が亡くなった後、金正日が「父なる首領様はわれわれのなかに永遠に生きていらっしゃる」というスローガンで建立した塔。

太陽像 | 2002年

　都市や村の入口には必ず、金日成の太陽像と永生塔がある。永生塔には、「偉大な首領・金日成同志は永遠に私たちとともにいらっしゃる」というスローガンが書かれている。太陽像の前は教養広場になっており、さまざまな政治行事が行われる。
　スローガンが書かれた街の入口にある門の左側に、総合買入商店の看板が見える。国家が経営していた5号商店が崩壊したため、個人に運営を許可した個人の雑貨商店だ。ロシア国境に近い羅津や先鋒などから中国製商品を持ってきて販売し、利益の一部は上級単位に分配される。
　太陽像は1号作品と呼ばれ、万寿台創作社の1号作品課に所属する美術家だけが描くことができる。労働党中央委員会宣伝扇動部に計画を提出し、許可を得て制作される。太陽像は生きている首領と同様にみなされ、建立場所への運搬時は現地指導のときと同様に、保衛部、党委員会、人民保安省の職員が車と通行者を規制する。この「1号行事」が行われる間、すべての車は一切の通行を許されず、歩行者はこうした像や掲示に敬意を表さねばならない。

慶祝板

2002年

雪が降るなか、一人の子どもが派手に装飾された慶祝板を読んでいる。慶祝板は名節を記念するために立てられたものだ。毎年2月16日になると、金正日の誕生を祝うために、職場単位ごとに競って慶祝板をつくる。金正日を誉め讃え、忠誠を誓う内容である。

慶祝板と肥料生産競争図表

1998年

　　俗厚駅前の青年節記念慶祝板の間に、初級労働者の肥料生産競争図表があり、異彩を放っている。慶祝板には、「21世紀の太陽・金正日将軍万歳！」など、建国50周年を祝うための文言が書かれている。

ヘリコプター

1997年

　陽化(ヤンファ)港のヘリコプターと労働者。毛糸の帽子をかぶった後ろ姿が金正日を連想させる。幹部たちは金正日の服装を真似るため、このような似た姿になる。

女性軍官

1998年

作戦カバンを肩にかけ、拳銃を携帯する女性軍官。首に巻いたマフラーや赤い手袋は正式の服装ではなく、寒さをしのぐために自分で編んだものだ。規定では、右手の人差し指が出るロシア製の革手袋が供給される。

밭곡식의 왕은 강냉이

穀物の王様トウモロコシ

| トウモロコシ栄養ポット農法 | 1999年

　山地が80%に及ぶ北朝鮮では、トウモロコシは主食のひとつである。「穀物の王様」であるトウモロコシの収穫量を増やすため、北朝鮮は栄養ポット農法という独特の移植栽培方式をとっている。生育日数を短くし、安定した生産ができる方法として、1975年から急傾斜地域を除いた全域で、この農法で栽培してきた。
　栄養ポット農法は、家畜の厩肥や堆肥でつくった腐植土と土を混ぜた栄養ポットに種を播き、霜が降りなくなったころに畑に移植して育てる。この農法では、栄養ポットをつくるほか、播種から移植に至るまで、多くの人手が必要となる。後ろに見える大きな建物は脱穀場だ。

栄養ポットの準備

1999年

　トウモロコシの栄養ポットをつくる準備をしている。畑のあちこちに、栄養ポット用の苗代をつくる腐葉土などの材料が用意されている。三角屋根の温室も見える。野菜を栽培するためにつくった温室だが、暖房などの管理ができないため、一部地域を除いてほとんど活用されていない。

仕事に出かける人びと

1999年

トウモロコシ畑を管理するために、スコップとバケツを持って出かける農民。子どもたちもついてきた。農村の労働は、基本的に女性が担っている。女性は軍隊や主要工場で働く代わりに、農業をしながら家事をしなければならず、二重苦の生活に耐えねばならない。

農民たちがトウモロコシ畑でのんびり休んでいる。栄養ポットの苗を移植した畑には、トウモロコシがのびのびと育っている。

北朝鮮の「主体農法」の核心は、「ポギ農業」「適期適作・適地適作」「科学的営農」である。ポギ農業は、作物の間隔をできるだけ密にして収穫を増やす密植栽培を意味する。適期適作は季節の変化と農作物の生育に合う時期の選択の大切さを、適地適作は土壌と気候条件に合う作物を選んだ栽培を強調したものだ。科学的営農は、気候、風土、土壌、土質、農作物の生物学的特性などを考慮し、生産技術や生産生産方法を科学化する。

北朝鮮は金日成の名前で提示されたこの主体農法を「確固として堅持しなければならない営農原則と科学的な営農方法を統一し、体系化した、完成された農法」と強調している。しかし、主体農法は、生産過程で発生するであろう誤差の是正をはじめから許していないため、食糧難を悪化させた要因ともされる。

主体農法 | 2000年

　　　　主体農法で育てたトウモロコシが青々と育っている。人糞を撒く農民は大忙しだ。肥料の供給が円滑ではないため、土地の豊かさを回復する目的で、農民はもちろん、労働者や事務職員らすべてを動員し、人糞回収運動を繰り広げている。

水やり | 1997年

　　　　北朝鮮は1999年2月、「農村テーゼ発表35周年記念中央報告会」を通じ、主体農法の定義を「農民たちの意思と暮らしに合うように耕作する科学的な方法」と再解釈した。金正日体制になって、農民たちに多少の裁量権を付与するように従来の金日成式主体農法を転換させることで、食糧問題の解決に力を注いでいるのだ。しかし、いまだに食糧難は解決されていない。

牛は国家財産 | 2003年

　　　鼻輪がはずれてしまった形跡のある牛が引っ張る牛車で、住民が丘を下っている。左側のトウモロコシ畑は人民軍の副業用の畑だ。
　　　北朝鮮ではガソリンが不足し、牛を利用してさまざまな仕事を行っている。そのため、「牛をたくさん育てようとした首領様の教示を徹底的に貫徹しよう」というスローガンがある。牛は国家財産であり、個人所有は禁じられている。仮に国家財産である牛の個人所有を認めていたとしたら、「苦難の行軍」の時期に生き残った牛はいなかったかもしれない。300万人が餓死したと推測されたこの時期、牛を捕って食べれば公開銃殺するといわれ、牛は生き残った。

トウモロコシ

2002年

　近くの畑で育ったトウモロコシが、秋の日差しを浴びている。実がよく詰まっているように見える。この家のあるじのしっかりした腕前がうかがえる。このトウモロコシが、1年間の主食になるのだろう。
　北朝鮮では、トウモロコシでありとあらゆる料理をつくる。トウモロコシの粉と小麦粉を混ぜて米状にした「オゥサル」をはじめ、麺、餅、粥(かゆ)に至るまで料理の数は30〜40種類に及ぶ。右前方に見えるのは井戸から水をくみ上げるつるべで、トタンでつくられている。

珍しい豆麹 | 2003年

　北朝鮮では、水路、畦道、堤防にある樹木の苗木の周囲、松林の間など、ほんのわずかな土地にも、豆、コーリャン、アワ、キクイモ、ヒエなどを農場で働く人びとが植えている。勤勉な人民は豆を収穫して麹をつくり、味噌がつくられるようになった。以前は各地の味噌醸造所でつくられたトウモロコシ味噌とドングリ味噌を食べていたが、自分たちで味噌をつくって食べられるようになったのだ。
　勤勉な人びとは、配給に頼らず、自分たちで食糧難を解決しなければならない現実のもとで、少しずつ商売をしたり、田畑の小さな区画を利用して作物をつくったりして、なんとか適応している。それで、いったんは消えた豆麹が、ふたたび軒下で見られるようになったのだ。とはいえ、咸鏡道では非常に貴重で、なかなか見られない。こぶし大の豆麹の形も独特である。

学生や生徒の労力動員

2002年

　労力動員された生徒たちが学校に戻っている。リヤカーを引っ張るなかには、少年団の服装をした生徒も見える。生徒たちは農村の主要な労働力だ。田植えの時期になると授業を中断し、随時、農村支援をしなければならない。

　地域によっては、栄養ポット農法を学生ポット農法と呼ぶ。栄養ポット一つ一つを用心深く手で運搬して植え替える作業に、多くの労力が欠かせないからだ。このため、多くの学生や生徒が組織的に動員される。栄養ポット農法は人海戦術農法とも呼ばれる。最近は、協同農場が家族や親類単位で分班を編成するようになり、学生や生徒の労力動員はしだいに減っている。

小さな畑でのコーリャン栽培

1997年

　松と松の間にコーリャンを植えて、育てている。わずかな空間があれば、一粒でも得るためにコーリャン畑をつくった。不足する食料を調達するために知恵を絞り出す切迫さがにじみ出た空間だ。

　北朝鮮当局は、菜園や副業畑を公式に認めていなかったが、食糧難が深刻になった2002年7月、農業部門の政策を変更。国家の土地使用料として収穫量の15％程度を賦課することを条件に、個人耕作地として400坪までの畑を認めた。一部では監督官を買収し、数千坪の畑を耕作する個人農も現れている。また、一部地域では無分別な畑の開墾によって、森林がさらに荒廃した。

ドングリを乾燥させる

1999年

収穫したドングリを積んで乾かしている。ドングリは味噌をつくったり、冷麺の材料になったりする。彼らは穴蔵を建て、寝泊りしながら、泥棒や動物からドングリを守っているのだ。監視員たちは退屈しのぎにカードで遊んでいる。

모두 다 모내기전투에로

総出の田植え

田植えという戦闘
1999年

　咸鏡南道の龍田里にある協同農場では、1998年から試験栽培として稲の直播きを試みてきた。2005年からはある程度成長させた稲の苗を直接田んぼに播く農法を奨励し、全国に拡大させている。

新年の農作業準備

2000年

　　新年の農作業の準備をする農家。庭先に積み上げている縄は、春に冷床苗代(60ページ参照)をつくるためのものだ。家の前にある背の高い杭と縄は、インゲンを収穫したことを表している。朝鮮戦争前に建てられたかのように見える瓦屋根の家だ。左側の赤い屋根は新しくつくられたものである。

田植えを控え、冷床苗代に出て畝の様子を見る農民たち。苗代の周囲に杭を打ち、わらで風除けをつくり、風を防いでいる。畑は種播きのために畝を整え、田んぼは苗を植えるために水が入れられた。
　春に気温が低く、稲の生育期間が短いので、乾いた土に苗代を設置し、保温して育てた後に移植する、冷床育苗を行っている。冷床育苗は主体農法の核心技術で、1950年代から普及しはじめた。当初は、合窓式冷床苗代＊や土壁式冷床苗代＊＊を設置。60年代初めからビニール薄板（塩化ビニール被覆）が供給されるようになり、70年代以降は現在のような冷床苗代が定着した。この技術体系は北海道の冷床育苗技術を取り入れ、北朝鮮の実情に合うように発展させたと推測されている。

冷床苗代 | 1999年

　　　　＊ガラス窓や油紙の窓を向き合わせて覆う苗代。
　　　　＊＊苗床の前後に土壁をつくり、ガラス窓や油紙の窓を斜めに設置して、雨水が流れやすいようにした苗代。

メタンガスの田植え機

1999年

　メタンガスを動力にした田植え機で田植えする農民たち。この田植え機は、メタンをビニール袋に入れ、動力として利用する。一部の地域では田植えをせず、直播きしている。稲の生育期間が短いため、増産のためには葉数を増やし、稲穂の数を確保しなければならない。そこで、密植栽培を行っている。

ヒエの収穫

1997年

　農民が畦に育ったヒエを収穫している。農民は食用が可能なヒエを水路の横に植えて栽培する。秋に先端の実を切って収穫し、不足する食料の代用食として、お粥やヒエ飯をつくって食べる。

水路工事

1998年

すべての地域住民を総動員し、短期間に水路工事を行う。北朝鮮では、大規模な工事は地域住民を総動員して進められる。一人ひとりに決まった区間が定められ、集中的に短期間で工事する。

| トラクター | 1997年

　　　　よく整備された農道を走るトラクター「千里馬号」。秋の収穫を終えた田んぼの右の水路横に植えられたヒエも収穫を終えた。
　　　北朝鮮で初めてトラクターが生産されたのは1958年。ロシア製トラクターを分解して組み立て、数え切れない試行錯誤を経た後に、開発に成功したのだ。金星トラクター工場で生産された28馬力の千里馬号トラクターは、自力更生の象徴として記念切手にもなっている。その後、2001年9月、60馬力の新型トラクター「千里馬2000」の試作品の生産に成功したと発表されたものの、まだ大衆的な普及には至っていない。

秋の収穫

1997年

　一年の稲作の仕上げである秋の収穫を行う農民たち。収穫した稲をトラクターにつなげた連結車に載せている。

動員された生徒たち

2002年

　生徒や学生は農村地域の主要な労働力のひとつである。稲刈りが終わり、冷たい風が吹きはじめると、農村の生徒たちは暖房用の薪を確保するため、野原や山に出かける。そして、山で集めた松ボックリや松の皮などをかますや麻袋に入れて運ぶ。

牛車で輸送

1997年

収穫を終えた稲を脱穀するために、牛車で協同農場の脱穀場へ運んでいる。農村において、牛車は一般的で大衆的な運搬手段である。ここでは13台の牛車が動員されている。

堆肥を撒く女性農場員

2000年

　女性農場員が新年の営農準備のため、畑に堆肥を与えている。肥料が不足する北朝鮮では、地力を高めるために人糞を使った堆肥を使う。
　北朝鮮を訪れた南の人びとは、誰もがこう訴える。
「軍隊に行けず、農場で働く北朝鮮の男性は、タバコを吸って雑談したり木陰で休んでばかりいる。あらゆる大変な農場仕事は女性たちが担っているように見える」

붉은기 1 호는 달린다

赤旗 1 号は走る

雪景色の沿線風景 | 2002年

　北朝鮮では電気鉄道が一般的だ。山地が多いという地形上の制約のため、ディーゼルより牽引力にすぐれた電気を使っている。また、石油が足りないため、動力を自給するという目的もあった。
　鉄道の総延長は2004年末現在5235km、うち約80％が電化されている。しかし、電力の供給が円滑ではないうえ、機関車も古く、ほとんどがまともに速度を出せず、のろのろ運転状態である。鉄道は、貨物輸送の90％、旅客輸送の60％を担っている。中国とロシアを結ぶ鉄道もあり、国際貿易の物流手段として、非常に重要な経済的意味をもつ。

赤　旗 1 号
プルグン キ

1998年

　金日成主席が直接名付けたという赤旗1号機関車は、いまも走っている。1961年8月に自力で製造・生産した機関車だ。この赤旗1号は、「国旗勲章」「努力英雄勲章」「3大革命赤旗争取勲章」などの勲章を、右側に4個、左側に6個付けている。26年間無事故を記録したという赤旗6号も、古くて磨り減ったレールの上をいまも走っている。耐用年数という概念はない。
　2002年以降は、金 鍾 泰電気機関車工場で製造された座席車が登場し、平壌と羅津をつなぐ平羅線を走っている。

上級座席車と一般座席車 | 2002年

　客車は上級座席車と一般座席車に分けられる。上の写真は上級座席車、下の写真は一般座席車だ。一般車は自由席で、上級座席車と寝台車は指定席である。指定席に乗るのは、権力や金をもっていることを意味する。
　列車は北朝鮮でもっとも大衆的な運送手段である。ほとんどは電気機関車だが、一部地域に蒸気機関車が残っている。電力供給が不安定で、線路が老朽化しているので、一部の特殊な列車を除いて、乗客であふれかえる。一般座席車はほとんど窓がない状態で運行している。2000年以降は、一般座席車にふたたび窓が付けられだした。

大混雑の一般座席車

1997年

　一般座席車のデッキに立つ乗客たち。一番左側に見える乗客はトイレに乗っている。このようにトイレにも乗客がいるので、トイレに行くのは相当に不便だ。とくに女性は、列車が停車すると窓からどっと出て、外で用をすませて戻ってくる。乗客が多いので、客席を通り抜けるのが大変だからだ。

| 貨物の上に乗って守る | 1998年

　多様な種類のパントン（貨物車両）で編成された貨物列車が走っている。貨物の上に人が乗り込んでいるのは、貨物を守るためだ。右側には古くなった一般客車を改造したパントンも見える。窓は板で塞いでいる。
　1990年代から「パントンを買う」という言葉が出回った。個人または何人かで鉄道庁に依頼し、一定期間、不法に貨物車両を借りることを意味する言葉だ。自動車輸送より安いので、中国やロシアの国境に近い新義州、羅津、先鋒などまで輸入品や輸出物資を運搬するのによく使用される。車両を丸ごと借り、月極めの借用料を支払う。借りた荷主は、必ず乗り込んで自分の貨物を守らなければならない。ときには、安全員を雇う。貨物列車が盗難に遭うことが多いからだ。駅で盗まれる場合もあれば、鉄道労働者が盗む場合もある。ひどいときは、貨物列車を襲って奪う。そのため、「完全に戦闘だ」と表現されたりする。

貨物車両に乗る人たち

2002年

　軍人と一般の人びとがいっしょに貨物車両に乗っている。品物を覆ったわらをつかんで乗り込むため、わらが垂れ下がっている。この中国製貨物車両は、貨物輸送のために持ち込まれたものだ。しかし、車両をすぐに返さずに、濫用して壊れそうになってから返したので、中国から多くの抗議を受けた。

鉄橋を渡る自転車

1998年

テイン湖の下流で洪水が起きて道路が浸水し、通行できなくなった。そのため、平羅(ピョンラ)線の鉄橋の上を歩行者が自転車を引いて通っている。

| 駅にたむろする | 2002年

俗厚(ソック)駅前風景。標準的な北朝鮮の駅舎は、このように金日成の肖像画を中央に掲げている。たび重なる停電で電車がいつ到着するかわからず、駅前には列車を待つ人が退屈そうに座っていた。

蒸気機関車
―――――――――――
2002年

　新北青を出発して北青に向かう徳城線(新北青―上里)の蒸気機関車。徳城線では2003年まで、蒸気機関車が煙をもくもくと上げて、不定期に走っていた。03年以降は、ときどきディーゼル機関車も走っている。

자력갱생

自力更生

木炭車に乗る人びと

1998年

　小都市や農村では、ほとんど木炭車*で人びとを輸送する。トラックの上なので、真冬の寒さに直接さらされるが、それでも何日も歩くのに比べれば幸せだといえる。

　　＊貨物トラックの荷台の前方にボイラーを設置し、炭と木を燃やしてエンジンを動かす自動車。1985年以降ガソリン類が不足しているため、地方では木炭車に改造して使っている。

車待ちする人びと | 1998年

ロシアから持ち込んだ新型カマズに、車待ちする人びと*を乗せている。運転席はもちろん、荷台までいっぱいである。列車以外に一般的な交通手段が発達していないので、トラックを利用した移動がふつうだ。金日成は、地域間の円滑な移動のための交通手段としてバスを大衆化する意思を表明したが、実現できなかった。

車待ちする人びと用の車は「8・3車」とも呼ばれ、84年の8・3人民消費品創造運動**以後に一般化された。運転手は、交通が不便な状況を利用して営業している。彼らは「一発走る」と言い、到着までの間に100ウォンのタバコを麻袋いっぱい儲ける場合もあった。人びとの不便さと車を運転するという権限を利用した結果である。この収入の一部は上級の単位にも分配する。

*通行中の車を止めていっしょに乗って行くことを、「チャジャビ(車をつかむ人びと)」という。乗客は運賃の代わりにタバコや酒などで支払い、運転手の収入となる。車待ちは、一般住民が遠い距離を移動する手段である。
**廃品や規格外品を再利用して生活必需品をつくることを奨励した運動。

| 「勝利」トラックに乗る人びと | 2000年

　ドラム缶を積んだ国産の「勝利58(スンニ)」トラックに、車待ちした人びとが乗っている。老人の右側には子どもを抱いた女性も見える。
　北朝鮮の車両番号は、大きく軍番号と社会番号に分けられる。軍関係の車が軍番号を使用し、残りはすべて社会番号を使用する。軍番号は数字だけで成り立つ。社会番号は、地域、部門、固有番号の組み合わせで表示される。「咸南(ハムナム)」「咸北(ハムブク)」などの地域がまず表示され、検察、党機関、教育、科学、文化などの部門を表す数字が続く。最後に車両の固有番号が付けられる。この固有番号は人民保安省の交通指揮隊が付与し、登録番号になる。部門を表す番号は、01～07が中央党、11が地方党、12が人民委員会、15～17が人民保安省、18～20が国家安全保衛部(公安機関)、38が農業部門だ。固有番号は、乗用車やトラック、貨物車などによって異なる。

遮断所で通行車を検問している。空車、材木、食料などの取り締まりを行う。右は国産の勝利58型の軍隊車両。後ろに見えるロシア製ジルには、車待ちした人びとが乗っている。

空車の取り締まりは以前から行われ、日常的な現象である。計画経済が徹底されても、帰りに「どうすることもできない」ケースが起こり、空車のまま運行するときがある。こうした浪費を防ぎ、効率性を高めるため、都市や主要地点に遮断所を設置した。しかし、最近は私的に利用されたり、機関が権力を濫用する場合がある。遮断所周辺に車を利用して運ぼうとする物品がある場合、空車の取り締まり監督にあらかじめ連絡して待機し、空車が入って来るとそこに物品を運んで積むのだ。いわば、遮断所を通じた、国家の計画とは関係ない、空車の営業システムである。

空車取り締まり | 1997年

遮 断 所

1997年

遮断所で検問を行う検問員。通行車両の停止を知らせる「ソッ（止まれ）」という案内板が立っている。

故障した輸入車

1998年

　故障した乗用車を修理するために移動させている。1980年代前半にルーマニアから輸入したタキヤだ。長い間メンテナンスせずに使ったので、塗装がほとんどはげてしまった。このタキヤは通常、平壌で内貨タクシー*として利用される。北朝鮮に居住する華僑たちは外貨商店で個人的にこのタキヤを購入できる。

　　　*北朝鮮には内貨タクシーと外貨タクシーがある。内貨タクシーは北朝鮮の通貨を、
　　　外貨タクシーはドルや円に替えた「金票」のみを運賃として受け取る。一般住民は、
　　　外貨タクシーはほとんど利用できない。

自分で給油する運転手　｜　1997年

　　平壌からの出張車に給油する運転手。彼はガソリンを10ℓ入りバケツに入れてきた。
　　北朝鮮では1980年代までガソリン票、ディーゼル票という配定票を持って燃料の配給を受けた。計画経済下では資材供給委員会が物資を配給し、燃料は国家が独占する。燃料供給商事が配定票と照らし合わせて供給し、現金は通用しない。燃料の供給を受けるためには、どうにかして配定票を手に入れなければならなかった。90年代に入って、燃料供給商事は燃料をヤミ市場で処理しはじめる。横流しするときは、燃料商事の倉庫ではない場所に保管する。市場で小さな紙切れを持って「ガソリンあるよ」と歩き回る人に聞けば、燃料がある場所を教えてくれる。国家は、燃料が市場で流通するのを統制する力がなかったのだ。こうした事態に対応するため、2000年から一部の燃料商事を外貨ガソリンスタンドへ転換させた。

名節の贈物

2002年

　金正日が名節に下賜する贈物は、おもに酒1～2本だ。トラクターの荷台と連結車に贈物用の酒をいっぱい積んで、運搬している。北朝鮮の酒のビンの蓋はしっかりしていないので、酒がよく漏れる。漏れるのを防ぐために、酒ビンを斜めに立てなければならない。また、ビン同士が少しでも当たると割れるので、モミガラをビンとビンの間に入れて運ぶ。
　トラクターは速度が遅いので、通行人が乗り込んで荷物が盗まれることもある。そこで、酒ビンが盗まれないように、管理者が荷台に乗って見張っている。

現金やタバコを渡して車に乗る

2000年

　遠くまで移動しようとする人びとのためには、地域ごとに車待ちする場所がある。一種の臨時停留所だ。

　車待ちする人びとは、車が通ると、現金、タバコ、酒などを見せながらつかまえる。車が止まると、それらを運賃として運転手に渡し、乗車する。以前は、提供する品物を運転手によく見えるように路上に置いて車を待った。だが、取り締まりが厳しくなり、写真の男女のように上着に品物を隠しておいて、車が通ると品物を見せて車を止めるようになった。2000年からは、現金やタバコを振って見せたり、人民軍が権力を盾に車を止まらせる行為が、一切禁止されている。

車が盗まれないように守る人びと

1998年

　雪が積もった道路に故障して停車した、多目的トラック・アイファ。トラックには必ず運転手と助手が同行する。運転手と助手が寒さをしのぐために火を起こし、車を見張りながら、他の車が通るのを待っている。故障した車といえども、運転手が横で見張らなければ、車の部品がすべて盗られてしまうからだ。

|党幹部と住民|1998年|

　　　　　　　　ハムギョンナムド
　　咸 鏡 南道の道行政委員会幹部のベンツに、女性が乗っている。ベンツが通り過ぎる横を歩いているのは、荷物を背負った一般住民だ。北朝鮮では、党や機関の車が私的な業務に使われる場合も多い。党や機関の幹部たちと一般住民の格差を直接確認できる現場だ。
　　道単位の場合、外交団事業部はボルボ、党は新型ベンツ、軍行政委員会はベンツを使う。郡行政委員会の場合は資本主義国家の車を使わない。社会主義国家で生産された車のみを使う。以前は、東ドイツで生産されたボルガが一番多かった。
　　運転手はたいていクラクションを鳴らしながら乱暴に運転し、泥水をはねながら走る。一般住民はこれを避けながら歩かなければならない。

村の検問所

1997年

　西湖(ソホ)村にある検問所の風景。人民保安省と人民武力部の許可を得ていない旅行者を統制するために合同勤務をしている。右側には、トウモロコシを収穫して干す協同農場の作業場が見える。こうした作業場は村や田畑からあまり離れていない場所につくる。

回らない風力発電機 | 1998年

　軽水炉用地の近くにある東海発電所の敷地に、高さ約2.5mの風力発電機が約10機設置された。
　「発電所をたくさん造って電気を使おう」という金正日の教示により、小・中規模発電所が全国各地で造られていく。少しでも水が流れるところであれば、超小型の水力発電所が建設された。川がない東海発電所では、試験的に風力発電所が建設されたが、この風力発電機が回っているのは一度も見たことがない。

トロリーバス

2000年

　咸興にある新興山旅館前を通り過ぎるトロリーバス。新興山旅館は北朝鮮の東海（日本海）側でもっとも有名な宿泊施設で、2004年から改装工事が行われてきた。トロリーバスは、平壌をはじめ、咸興、新義州、清津などの都市で走る。ただし、電力事情の悪化で本数が減ったり、運行を取りやめた路線もある。

はしかで目が見えなくなった子ども
1998年

　俗厚里(ソック)の理髪店の前を、幼い子どもが竹の棒を杖代わりに、手探りで歩いている。
　北朝鮮では医療施設が劣悪で、薬品も不足しているために、はしかにかかっただけで、亡くなったり、目が見えなくなったりすることもある。

고난의 행군

苦難の行軍

| 夏にセメントを積む | 1997年

　招待所の建物を増築するために、包装されていないセメントを倉庫に積む。まもなく雨が降りそうな天気なので、作業者が貴重なセメントを剥き出しのまま、忙しく倉庫に積んでいる。
　はいているパンツは、彼らの妻がミシンで縫ったものだ。髪の毛の間にセメントが入り込まないよう、パーマをするときに付けるビニールのヘアキャップを手に入れて使っている。手に付けているのは、指1本1本が独立していない、独特な形の二また手袋だ。服を脱ぎ捨てた姿は、北朝鮮の夏の労働現場の特徴といえる。

運搬板を持つ女性たち

1997年

　2人の女性がばらセメントを運搬板に載せて運んでいる。きれいにアイロンがけされたズボンとワイシャツを着ているが、これは周囲に外国人がいることを意識してだ。大変そうに作業する姿を見せないために、きれいな服装を着るように指示があったのだろう。しかし、日焼けした足を見ると、靴を履いた跡がないことがわかる。北朝鮮で靴がどれだけ貴重なものなのかを物語っている。

ハゲ山の前に、「あらゆる山を黄金山、宝物山にしよう」という金日成の教示が書かれた教示板が、ペンキがはげたまま立っている。

「山ブドウやヒメニラよ　ちょっと味見しようじゃないか
真っ赤な山イチゴよ　おまえもちょっと味見してみよう
カゴいっぱいになみなみと（中略）
私の故郷・黄金山は本当にいいね」（黄金山打鈴(タリョン)）

黄金山 | 1997年

黄金山は、山に宝物や黄金がたくさんあるという意味だ。山中の山菜、きのこなどは宝物であるという金日成の教示に由来している。金日成は1960年代初めに、地方産業を発展させる構想を立てる。そのヒントとして、「この山を見なさい。木の実や果物など、どんなに（産業の）源が多いことか」と言い、「あらゆる山を黄金山、宝物山にしよう」と教示したのだ。その後、住民たちが余暇を利用して摘んだ山ブドウやサルナシの実で酒や羊羹をつくったり、カイコを育てるなど、新しい形の耕作方式が強調された。しかし、燃料不足が深刻になり、ハゲ山が増えている。

増えたハゲ山

1998年

　燃料不足が深刻になり、人家周辺の山は徐々に荒廃していった。人口が集中する都市周辺の山はもっと深刻である。

　「苦難の行軍」の時期を経て、北朝鮮の多くの山は黄金山や宝物山ではなく、ハゲ山になってしまった。食料増産のための「新しい土地探しの戦闘」により、段々畑をつくるため急傾斜地まで開墾したからだ。そして、「草と肉を換えよう」というスローガンのもとに草地造成局がつくられ、木を伐採し、草地造成事業を展開。さらに、松炭油をつくるために松の根を掘り出し、ウサギやヤギの餌として草を食べさせ、残りは肥料をつくるという「草刈り戦闘」が繰り広げられた。

段々畑 | 2000年

　傾斜が緩い山を開墾して、山頂まで段々畑が造成されている。遠くに新浦港と馬養島が見える。
　「段々畑をつくることは農作物の収穫量を増やす重要な方法のひとつである。協同農場と該当機関、企業所*、団体は傾斜地を段々畑にし、灌水と排水の体系をつくり、収穫物の運搬を積極的に機械化できるようにしなければならない」(北朝鮮土地法第49条)
　段々畑の造成は、食料自給を達成するために1970年代なかばに金日成が提案した「自然改造5大方針」のひとつだ。国土の16%にすぎない耕地面積を増やすために、傾斜15度以上の山間地帯を開墾した。しかし、この事業は農地の氾濫と急激な山林の消滅、土砂流失による洪水をもたらした。その結果、81年には「4大自然改造事業」に変更され、「新しい土地探しの戦闘」という名前に変えられる。だが、この開墾運動も科学的・体系的に推進できず、むしろ北朝鮮の農業を揺るがす要因になった。

　　　　　　　　*生産、交通、流通などの経済分野において、独立して経営を行う事業体。

定年退職し、ヤギを飼う

2002年

　定年退職した老人が、草を刈って、ヤギを連れて家に帰っていく。限りなく平和で、叙情的な農村風景のように思える。だが、ここには生活の切実さが隠されている。北朝鮮の住民たちにとって、ヤギは貴重な生命線だからだ。牛の個人所有は認められないが、ヤギは個人が育て、乳を搾って飲んだり市場に出して売ることが許されている。

| 奨励されているヤギの飼育 | 1997年

　傘をさし、雨合羽を着た協同農場の飼育員が、放牧したヤギを連れて畜舎に戻っていく。
　ヤギに関心が高くなったのは、食糧難解決の一環として、「草を食べる家畜」を大々的に飼育する措置をとった1996年以降だ。生命力と繁殖力にすぐれたヤギは「少ない資金で最大の利益をもたらす家畜」として、飼育が奨励された。広い放牧地を必要とせず、80％が山地の北朝鮮で飼育するのに適し、乳は牛より脂分と栄養価が高い。協同農場では畜産組にヤギ班を設けた。
　「草と肉を換えよう」というスローガンは、「野原の草をヤギが食べられるようにして、乳と加工品を生産せよ」という金正日の教示だ。彼は2001年、咸興にある青年ヤギ牧場でヤギの乳と加工乳製品を増やすよう、現地指導を行う。その成果を広く知らせるための「咸興青年ヤギ牧場の朝」という絵も描かれた。この作品は、のんびりしたヤギ牧場の朝をロマンチックに表現している。

ヤギの乳カバー

2000年

　薪を担いだ住民が、親ヤギ1匹と子ヤギ2匹を伴って家に帰っていく。家族が飲む親ヤギの乳を子ヤギたちが飲まないように、布切れでつくった乳カバーを付けた。切迫した暮らしの知恵だ。

鴨を追う農夫

2003年

　農夫が鴨を追いながら線路を渡っている。北朝鮮の畜産の中心は、鶏や鴨などの家禽類とウサギなどの小家畜だ。国連食糧農業機関(FAO)や世界食糧計画(WFP)の資料によると、北朝鮮の2005年の畜産規模は、ウサギがもっとも多く1967万7000匹。次いで、鶏、鴨、豚、ヤギ、ガチョウ、牛、羊の順である。鴨は前年の461万3000羽から518万900羽に、12%増えたと推測されている。

移動しながら肥料を与える

2001年

　畑に肥料をやるために、牛とヤギを連れて移動している。牛の背中に載せられているのは、肥料を入れて移動できるようにつくった道具。下を引っ張って開くと、肥料が自然に畑にこぼれ落ちるように考案されている。

釣 り

1997年

　金日成は生前、釣りが好きだったという。そのためか、北朝鮮の人びとは釣りが大好きだ。多くは川釣り。角材を丸く削ってつくった３つの竿をつないだ組み立て式釣り竿で、コイやフナを素早く釣り上げる。竹の釣り竿は、咸鏡道(ハムギョンド)ではほとんど見られない。平壌ではリール釣りも見られる。咸鏡南道では飲料水の缶に短い釣り竿を固定させ、糸を通す針金のリングを３つ付け、リール釣りの真似をする。
　北朝鮮の人びとが海釣りをするのは困難だ。海岸線は制限地域であり、人民武力部が管理するため、一般人が近づくのは容易ではない。

| 各地に養魚場をつくる | 1999年

　養魚場建設に女性が動員され、作業している。掘り出した土を入れた容器を頭に載せて運ぶ女性、休息を取る女性、ついて来た子どもが遊ぶ姿が見える。養魚場は真四角に土を掘り、石を積み上げ、水路をつくって水を引き入れ、周辺に柳を植えて完成する。柳は養魚場に日陰をつくるので水温調節に役立ち、見た目もよい。

　北朝鮮は1990年代後半、漁獲量が急激に減少し、食料不足の克服のために養魚事業を拡大した。2000年末には全国に約200のナマズ工場と養魚場が新設、拡張されたといわれている。01年には1年間で各道に100ha、市と郡に20〜30haの面積の養魚場が建設されるなど、約1000haの面積の養魚場が造成されたと推定される。平壌にもナマズ工場が建設され、熱帯ナマズが大規模に養殖されている。

　だが、大規模の労力を動員して建設したものの、地域によっては餌の供給が円滑ではなく、目立った成果が上がらなかったといわれる。

| 越冬用の燃料を集める | 1998年

お金や力がある人は薪を買ったり石炭を買って練炭をつくったりして、ご飯を炊き、部屋を暖められる。だが、大多数の住民は松の落ち葉をかき集め、トウガラシの茎やわらなどの農業副産物はじめ、燃やすことのできるあらゆるものを集めて家に持って帰らなければ、厳しい寒さに凍えねばならない。こうして、民家近くの山からハゲ山になっていった。薪を集めるために何時間も歩かなくてはならないところもあるし、山林の取り締まりにひっかかることもある。母親が木をたくさん集めないと、家族が冬に凍え死んでしまう。

いまでは、アカシアの薪林を造成しようと、山にアカシアがたくさん植えられている。

自転車 | 2003年

　　自転車に品物を積んで、舗装された高速道路を押す二人連れ。自転車の前のカゴには、自転車番号が書かれたプレートが付けられている。
　　「苦難の行軍」の時期、北朝鮮では自転車も「苦難」だった。自転車の盗難の多発に困った政府は、1999年2月から番号プレート制度を施行。人民保安省が一括で番号プレートを発給した。初めはハンドルの上に取り付けたが、その後カゴの前に付けてよく見えるように変更された。約9cmの円形の鉄プレートで、上に地域名、下に固有の番号が表示されている。人民保安員や交通保安員は、番号プレートと自転車免許証を照合して検閲する。免許証は人民保安省で実施する自転車運転試験と交通安全試験に合格して初めて発給される。番号プレートを付けないで自転車を使用した場合は罰金が科され、自転車を盗んだことが明らかになると、労働鍛錬隊*で3カ月の思想教育を受けなければならない。

　　　　　　　　　　　　*刑期1年未満の軽犯罪者を収容し、労働を科す施設。

遊撃隊精神

2001年

　北朝鮮では、女性が頭に荷物を載せて歩く姿はあまり見られない。金日成の抗日遊撃隊の闘争精神を活かし、必要な荷物はリュックサックで背負い移動する。住民の日常は、抗日闘争精神を継承するための生活として具現化されている。

おんぶする父親

2001年

　北朝鮮では、男は家庭で亭主関白なため、決して子どもをおぶわない。しかし、「苦難の行軍」の時期、上の子どもを連れて、下の子どもを背負って、雪道を行く北朝鮮の若い父親の姿が陽化峠(ヤンファ)で見られた。母親は見当たらない。どんな事情があったのだろうか？

〈解説〉写真で記録した現代北朝鮮の民衆生活史

　北朝鮮はいまなお、日本にとっても韓国にとっても未知の国である。日本による植民地からの解放は、南北分断時代の始まりだった。一般の人びとが写真や映像で北朝鮮に接する機会はほとんどない。人びとの視線に触れることを許されたのは、関係当局の徹底した検閲を経た、制限されたイメージのみである。北朝鮮の実際の様子を理解するのは、非常に容易ではない。仮に写真や映像を見ても、それを判断し、解釈できる情報と知識をもつ日本人も韓国人もほとんどいない。

　2000 年に行われた南北首脳会談以降、離散家族の再会、金剛山観光、南北の鉄道と道路をつなげる事業など、南北の交流と協力は進んでいる。しかし、私たちに届く北朝鮮の映像の大半は、相変わらず、平壌のきわめて限られた空間で撮られたものである。雄壮な主席宮や人民大会堂などの建築物と、きれいにまとめられた都市、そして主体思想の信念に満ちた住民の姿だ。それらの撮影は、案内員によるガイドのもとに訪問した地域でのみ許されている。人びとのありのままの多様な暮らしは、伝えられていない。

　一方、韓国では 1990 年代なかばから、日本でも 21 世紀に入って、北朝鮮の一般民衆の疲れ果てた暮らしぶりを描いた映像が「公開」された。これらは「内部映像」と呼ばれ、おもに中朝国境で、ときには国内各地で、隠しカメラで撮影されている。脱北者の証言、市場をうろつく貧しい子どもたち、収容所や公開処刑の現場などが流されてきた。朝鮮半島が和解と平和に向けて激しく動いた 90 年代後半は、北朝鮮の人びとにとって、生と死の岐路で凄絶な苦痛を耐え忍ばなくてはならない苦難の時代でもあったのである。人びとは、この時代を「苦難の行軍」と呼んだ。

　本書『北朝鮮の日常風景』には、軽水炉建設の記録写真家として北朝鮮に 7 年間にわたって滞在した韓国の写真家・石任生（ソクイムセン）が北朝鮮の日常を注意深く観察して撮影した数千枚の写真から、現状の正確な理解を助けるものが選ばれている。石は、自分が目撃したすべてを撮ろうと努力した。その執拗なまでの執念は、1 枚 1 枚の写真にあますところなくこめられている。本書は「苦難の行軍」の時期を、冷静に、かつ鋭く写真に収めた唯一の記録であり、貴重な歴史である。それは、北朝鮮の体制を宣伝するためのものでも非難するためのものでもない。あるがままの姿を伝えるためのも

のである。

　収録した写真に見られる北朝鮮の風景には、日本人にとっても韓国人にとっても過去の記憶のなかにかすかに残るような懐かしさがある。一方で、韓国人にとっては、あまりにも見慣れていて親近感があるものの、歩み寄るにはどこかぎこちない空間でもある。

　本書に収めた写真は、北朝鮮全域を記録したものではない。1枚を除いて石が滞在した咸 鏡 南道(ハムギョンナム ド)だ。しかし、北朝鮮当局の統制をかいくぐって撮影され、人びとの現在の暮らしと歴史を飾ることなく示している。誇張もなければ、誉め讃えることもない。そして、細心の注意と極度の緊張感をもって撮影された瞬間瞬間のイメージは、人びとの生活と、その生活を支配する政治構造を細部にわたって露わにしている。彼は撮影しながら、写真に収められた内容を執拗に確認して記録した。だからこそ、暮らしの様子が精密に描写されているのだ。

　『北朝鮮の日常風景』は、写真で記録した現代北朝鮮の民衆生活史である。文字による記録では決して描けない生活の現場が切り取られている。石は人びとの暮らしぶりを社会学者や人類学者のように細かく観察し、徹底的に検証した。これらの写真はどれも、その過程を高度に凝縮した記録である。

　また、多くの写真には詳細な説明が付けられている。感情や評価を排除し、観察した事実にもとづいた、冷静な文章である。それによって、写真の裏側に隠された真実がくっきりと浮かび上がってくる。そして、政治的・社会的・経済的内容の写真には、歴史的背景や政治的・社会的意味を簡単に解説した。ただし、解釈は加えていない。解釈は読者の役割と考えるからだ。

　多くの写真には北朝鮮の人びとの苦痛と試練が描かれており、胸が痛む。しかし、その苦痛と試練は、隠したり避けたりすることができない、われわれが認識しなくてはならない事実である。それらは、韓国も北朝鮮も見せようとしてこなかった、北朝鮮社会の隠せないひとつの断面なのである。

　　　　　　　　　　　　　　　　　　　　　　　　　　　　　　　　　　　　　安海龍

〈インタビュー〉北朝鮮の実状を理解するために

ふつうの人びとの暮らしを伝える

—— 北朝鮮に滞在して写真を撮ることになったきっかけは？

石：KEDO(朝鮮半島エネルギー開発機構)の軽水炉の建設過程を現場で写真に記録する担当になったことです。軽水炉プロジェクトの進行状況を KEDO 理事会メンバー(アメリカ、日本、韓国、EU)に報告するために、記録写真を撮る必要がありました。それで、私が派遣されたのです。時期は1997年から2004年初めまで。当時の北朝鮮は経済的にもっとも大変だった時期で、当局自らが「苦難の行軍」と言っていました。

—— 写真集を韓国で出された目的を教えてください。

石：北朝鮮に行くと、写真家ではなくても誰もが、荒涼とした見慣れない風景を記録したいという欲求が生じます。私にも同じ欲求がありました。同時に、韓国では北朝鮮との交流や接触が以前よりは多くなってきましたが、人びとはまだ北朝鮮の実状について正確には知りません。現在の北朝鮮の様子を正確に伝えて、北朝鮮の人びとをより理解する契機になればと願っています。そして、北朝鮮の人びとは、われわれにとって長い断絶を克服し、また会うべき人びとであることを伝えたかったのです。

—— 写真を撮る際に、大切にされていたことは何ですか？

石：北朝鮮にもふつうの人びとが暮らしているということです。大変な苦難と苦痛のなかで粘り強い生命力をもち、モノがなくても知恵をしぼって、困難を克服しながら生活しています。それを伝えようと強く思いました。私は韓国で、困窮した農村生活を経験して育っています。その経験が北朝鮮の現在の様子を観察し、記録するのに、大きな手助けになりました。

—— 具体的に、北朝鮮の人びとは困難をどう克服して暮らしているのですか？

石：実にいろいろありますよ。たとえば、塩が不足しているので、海水をたくさん汲んできて塩をつくることがありました。キムジャンキムチ(越冬用のキムチ)を漬けるときは、ほとんど海水で白

菜を塩漬けします。また、電気のコードの代わりに、被覆されていない針金を使うこともありました。建設現場では釘がありません。それで、金槌で金属を叩いて手製の釘をつくって使っていました。食料不足も深刻です。自生していて食べられるものは、代用食として何でも食べていました。ハマナスの実、キクイモ、ヒエ、ドングリなどは、いい代用食です。とくにクズの根は採り尽くされ、野山からなくなってしまいました。

ファインダーをのぞけずに撮影

── 北朝鮮の住民の日常をとても近い場所で撮っていますね。どうして可能だったのでしょうか？　北朝鮮の人びとは容易に撮影に応じなかったと思うのですが……。

石：はい。これまで多くの人びとが写真撮影をして、フィルムを押収されたり、厳しく責められたりしました。私も軽水炉建設現場以外の写真の撮影は許されませんでした。一般の人びとはもちろん、建設現場で働く北朝鮮の労働者たちの撮影さえ禁じられていたほどです。

外出する場合は、必ず2人以上の案内員が同行しました。彼らは私と私の同僚たちの案内を担当すると同時に、監視する任務も与えられています。指定された場所や目的以外の撮影は、徹底して規制を受けました。許可されていない撮影をした場合、現場でフィルムを押収されます。しかし、私は監視と統制をかいくぐり、少しでもチャンスがあれば、いつでも撮影可能な状態で待機していたのです。とはいえ、余裕をもってファインダーをのぞいて撮影する機会はほとんどありませんでした。

── どうやって国内を歩いたり、人に会えたりしたのでしょうか？　とくに、銃を持った人民軍や人民武力省の兵士の写真（26ページ）の場合、どうやって撮影したのですか？

石：もちろん自由に歩き回れる環境ではなく、北朝鮮当局の徹底した統制のもとに生活していました。しかし、彼らも緊張感を24時間持続することはできません。緊張と監視が少しでも緩む瞬間があれば、いつでも撮ろうと努力した結果です。

北朝鮮を記録して伝えることは、私たちだけでなく、北朝鮮の人びとにとっても意義があると思って、私は行動しました。危険はいつも存在していましたが、この記録は韓国でも北朝鮮でもとても重要になるという確信をもっていました。それでも、人民軍の兵士の写真を撮影するときは背中に冷や汗が流れたし、危険な瞬間もたくさんありましたよ。

―― 撮影のためにさまざまな方法をとられたそうですが、それについてご説明ください。

石：ファインダーをのぞきながらアングルを確認し、瞬間を撮影するのが、写真家の基本です。アングルを確認しないまま撮影するというのは、誇れることではありません。しかし、そうするしかない場合、誰もが一度はファインダーをのぞかないままで撮ったことがあるのではないでしょうか。北朝鮮での撮影がむずかしく大変だった理由は、決定的にいい撮影チャンスであるにもかかわらず、ファインダーをのぞけなかったために、対象がきちんと収まっていなかったり、ピントが合っていなかったり、手ぶれで失敗するということがあるからです。カメラを隠して撮影する方法もいろいろ試しましたが、発覚したとき、故意や計画的な場合は処罰が重くなります。それで、隠さずに撮る方法をおもに利用しました。南北の間で隠すものはないという思いと、北の現在を伝えたいという強い欲求が大きな勇気を私に与えて、多少無理な撮影をしたと思います。

―― 咸鏡南道（ハムギョンナムド）のどの地域をおもに取材されたのでしょうか？

石：新浦市（シンポ）琴湖（クモ）地区、北青（プクチョン）郡です。そのほか、業務と休暇のために訪れた平壌や咸興（ハムン）などです。

――まえがきに「北朝鮮の新聞とテレビを注意深く見た」とお書きになっていますが、どのような努力をされたか教えてください。

石：私は北朝鮮に公式に滞在していたのですから、印刷物やテレビを見るのは日常的なことでした。韓国人の視点から見れば、千篇一律の偶像化の内容です。でも、それに耐えながら、細心の関心をもって読んだり見たりしました。

南北の人びとがいっしょに働き、笑った

―― 7年間にわたって滞在されて、本当に多くのものを見たり聞いたりされたと思います。とくに印象に残っているエピソードをお聞かせいただけますか？

石：写真で記録して紹介できるのは、氷山の一角にすぎません。危険な瞬間が、もっとも強く記憶に残っています。それは、牛車の上にふとんを敷いて横になっている患者（31ページ）を撮ったことが発覚したときと、フィルムを押収されたときの、緊迫した瞬間です。いまでも、検問所に行く悪夢を見て、目が覚めてしまうことがたびたびあります。

KEDOの公式記録の写真を撮るときでさえも、さまざまなもめごとが生じました。たとえば、カメラを向けた方向に北朝鮮の労働者がいたため、周辺の人びとが駆けつけてきて人民裁判のような

状況になったことがあります。労働者の作業の様子を撮影した行為に対しての批判になるはずなのですが、「ポケットに手をつっこんだまま人前で話すのはけしからん」などと、まったく関係がないことについての批判も行われます。初めは身の毛がよだちました。だんだん慣れていきましたが、いまでも思い出してひやっとすることがあります。

—— 北朝鮮に滞在していて、もっとも大変だったことを教えてください。

石：お互いを信頼していなくて、プレゼントのような善意の配慮も悪く解釈されたことと、移動の自由がないことです。敷地の外に出るときは必ず案内員がついてくるし、事前に私が行きたい場所の許可を受け、旅行証を携帯しないと、移動できません。だから、限られた区域内でしか行動できないのです。

—— 一番大切にしている写真は何ですか？

石：北朝鮮と韓国の人びとが仕事をしながら、いっしょに笑っているシーンを初めて撮った写真（32ページ）です。カメラがある場所では愛想笑いさえもつくらず、南北いっしょでの記念撮影も拒否されていた時期なので、より愛着があります。

—— 日本の読者に伝えたいことをおっしゃってください。

石：日本も第二次世界大戦後、いまの北朝鮮と同じように困難な時期があったでしょう。豊かな国をつくられた方々にとっては大変だった当時を振り返り、不自由がない豊かな生活をしている若い世代にとっては大変だった昔の生活を考える契機になればと思います。そして、豊かな暮らしをする人びとが困難を抱える隣人を助ける、そんな美しい「ひとつの地球村」になることを心から祈りたいですね。

—— 最後に石さんのメッセージをお願いします。

石：私はこの写真集を、北朝鮮を偏見や先入観で見るのではなく、実際の、ありのままの姿が伝わるように意識してつくりました。いずれも、これまでは目にすることができなかった写真だと思います。一般の人びとはもちろん朝鮮問題の専門家も、こうした写真に接するのはほとんど不可能だったでしょう。これらの写真が特定の目的に利用されず、現在の北朝鮮の実状を理解するきっかけになれば幸いです。

（聞き手：安海龍）

〈解説〉静かながら饒舌な写真集

　「ね、もう泣かないでね」。青いシャツの少年は赤いセーターの少年を思いやる。先導するように一歩先を行きながら、上半身は友へ90度向けられ、目線はまっすぐに友の目に語りかける。うつむいて泣きじゃくる子どもは、片方の掌を固く握りしめる。冬の這うような夕暮れ前の光が、路面をおおう薄氷に長い影を落とす。

　中古の冷蔵庫にしっかり養生シートを巻き付け、トウモロコシ畑沿いの農道を牛に引かせて台車で運ぶ若者は、清潔な白いポロシャツには合わない、ヤサグレ気取りのサングラスをかけて、ちょっぴりパンクな感じ。残り雪の見えるまばらな松林の脇を、カッチリした軍人帽にカーキ色の綿入れジャケットの色白の美女が歩く。群青色の長い毛糸のマフラーから、エメラルドグリーンのもっと長いスカーフが膝まで垂れて、真っ赤な手袋がワンポイント。そうとうお洒落だな、この女性兵士。

　一面に鈍色の空を映しだす池の端で、短いキセルで日がなタバコをくゆらす太公望。一頭の山羊を引いて、その青々とした食料を背負って歩く麦わら帽のおじさん。畑はみずみずしいですね。トナカイかと見まごう枯れ柴の山を背負った人物二人。ご苦労様。

　孤独の人、二人か三人で歩く人びと、大勢で畑仕事の共同体。決して群衆としては写っていないで、あくまでも人、人びと、仲間。おとなも子どもも言葉を運んでいる。自問する言葉、相手に向ける言葉、外には出てこない言葉……。それは、この写真集を見る／読む者の言葉となって聞こえてくる。読者は自分の内部に耳をそばだてながら、写真を見る。こんなに静かな、それでいて、こんなに饒舌な写真集は、久しぶりに見た。撮影者の姿勢が、人物だけでなく地形、植物、動物、気象といった被写体をして語らしめる謙虚さと共感を失わないからだろう。

　「出てくるものは、撮り入れたものではない。……写真そのものより、被写体のほうがより重要だし、より複雑だ。写真は何かを表していなければならない。その表していることこそ、撮ったままのそれ自体よりもっと見るに値する」(アメリカの写真家、ダイアン・アーバス)

　そういう意味で、静かながら言葉が尽きることなく生まれてくる写真集。そこにある自然、大地、人びと、撮った人、出版した人、みんなに感謝したい気持ちでいっぱいだ。

　　　　　　　　　　　　　　　　　　　　　　　　　　　　　　　　　　　　木幡　和枝

【執筆者紹介】
撮影／石任生(ソクイムセン)　1952年生まれ。写真家。
文・解説／安海龍(アンヘリョン)　1961年生まれ。映像作家。
翻訳／韓興鉄(ハンフンチョル)　1969年生まれ。翻訳、編集、文筆業。
推薦／姜尚中(カンサンジュン)　1950年生まれ。東京大学大学院情報学環・学際情報学府教授。
解説／木幡和枝(こばたかずえ)　1946年生まれ。アート・プロデューサー、東京藝術大学教授。

―――― 北朝鮮の日常風景 ――――

2007年6月15日・初版発行

撮影・石任生

©Seok, Im-Saeng, Ahn, Hae-Ryong, 2007, Printed in Japan

発行者・大江正章
発行所・コモンズ
東京都新宿区下落合 1-5-10-1002
TEL03-5386-6972 FAX03-5386-6945
振替　00110-5-400120

info@commonsonline.co.jp
http://www.commonsonline.co.jp/

印刷／東京創文社　製本／東京美術紙工
乱丁・落丁はお取り替えいたします。
ISBN 978-4-86187-034-7 C0036

◆コモンズの本◆

『マンガ嫌韓流』のここがデタラメ	太田修・綛谷智雄・姜誠・朴一ほか	1500円
こころの手をつなごうえー 子どもが考える子どもの人権	赤川次郎監修／アムネスティ日本編	1800円
徹底検証ニッポンのODA	村井吉敬編著	2300円
ODAをどう変えればいいのか	藤林泰・長瀬理英編著	2000円
日本人の暮らしのためだったODA	福家洋介・藤林泰編著	1700円
開発援助か社会運動か 現場から問い直すNGOの存在意義	定松栄一	2400円
NGOが変える南アジア 経済成長から社会発展へ	斎藤千宏編著	2400円
いつかロロサエの森で 東ティモール・ゼロからの出発	南風島渉	2500円
アチェの声 戦争・日常・津波	佐伯奈津子	1800円
スハルト・ファミリーの蓄財	村井吉敬・佐伯奈津子・久保康之・間瀬朋子	2000円
サシとアジアと海世界 環境を守る知恵とシステム	村井吉敬	1900円
軍が支配する国インドネシア 市民の力で変えるために	S・ティウォンほか編／福家洋介ほか訳	2200円
ヤシの実のアジア学	鶴見良行・宮内泰介編著	3200円
地域漁業の社会と生態 海域東南アジアの漁民像を求めて	北窓時男	3900円
カツオとかつお節の同時代史 ヒトは南へ、モノは北へ	藤林泰・宮内泰介編著	2200円
歩く学問 ナマコの思想	鶴見俊輔・池澤夏樹・吉岡忍ほか	1400円
ぼくがイラクへ行った理由(わけ)	今井紀明	1300円
からゆきさんと経済進出 世界経済のなかのシンガポール―日本関係史	清水洋・平川均	3900円
KULA(クラ) 貝の首飾りを探して南海をゆく	市岡康子	2400円
日本軍に棄てられた少女たち インドネシアの慰安婦悲話	プラムディヤ著／山田道隆訳	2800円
シンガポールの経済発展と日本	清水洋	2800円
バングラデシュ農村開発実践研究 新しい協力関係を求めて	海田能宏編著	4200円
どこへ行く(クオ・ヴァディス)?	花崎皋平	1000円
安ければ、それでいいのか!?	山下惣一編著	1500円
儲かれば、それでいいのか グローバリズムの本質と地域の力	本山美彦・三浦展・山下惣一ほか	1500円
地球買いモノ白書	どこからどこへ研究会	1300円
徹底解剖100円ショップ 日常化するグローバリゼーション	アジア太平洋資料センター編	1600円

(価格は税別)